# Pierwszy słownik obrazkowy
# Zwierzęta

## First Picture Dictionary
## Animals

*Świnia*
Pig

*Motyl*
Butterfly

*Lis*
Fox

*Królik*
Rabbit

Ilustrowała Anna Ivanir

www.kidkiddos.com
Copyright ©2025 by KidKiddos Books Ltd.
support@kidkiddos.com

All rights reserved. No part of this book may be reproduced in any form or by any electronic or mechanical means, including information storage and retrieval systems, without written permission from the publisher, except in the case of a reviewer, who may quote brief passages embodied in critical articles or in a review.
First edition, 2025

**Library and Archives Canada Cataloguing in Publication**
First Picture Dictionary – Animals (Polish English Bilingual edition)
ISBN: 978-1-83416-690-2 paperback
ISBN: 978-1-83416-691-9 hardcover
ISBN: 978-1-83416-689-6 eBook

# Dzikie zwierzęta
## Wild Animals

*Lew*
Lion

*Tygrys*
Tiger

*Żyrafa*
Giraffe

✦ Żyrafa jest najwyższym zwierzęciem na lądzie.

✦ *A giraffe is the tallest animal on land.*

*Słoń*
Elephant

*Małpa*
Monkey

# Dzikie zwierzęta
## Wild Animals

*Hipopotam*
Hippopotamus

*Panda*
Panda

*Lis*
Fox

*Nosorożec*
Rhino

*Jeleń*
Deer

*Łoś*
Moose

*Wilk*
Wolf

✦ *Łoś jest świetnym pływakiem i potrafi nurkować pod wodą, aby jeść rośliny!*
✦ *A moose is a great swimmer and can dive underwater to eat plants!*

*Wiewiórka*
Squirrel

*Koala*
Koala

✦ *Wiewiórka chowa orzechy na zimę, ale czasem zapomina, gdzie je schowała!*
✦ *A squirrel hides nuts for winter, but sometimes forgets where it put them!*

*Goryl*
Gorilla

# Zwierzęta domowe
## Pets

*Kanarek*
Canary

✦ *Żaba potrafi oddychać zarówno przez skórę, jak i płuca!*
✦ A frog can breathe through its skin as well as its lungs!

*Świnka morska*
Guinea Pig

*Żaba*
Frog

*Chomik*
Hamster

*Złota rybka*
Goldfish

*Pies*
Dog

✦ *Niektóre papugi potrafią powtarzać słowa, a nawet śmiać się jak człowiek!*

✦ *Some parrots can copy words and even laugh like a human!*

*Kot*
Cat

*Papuga*
Parrot

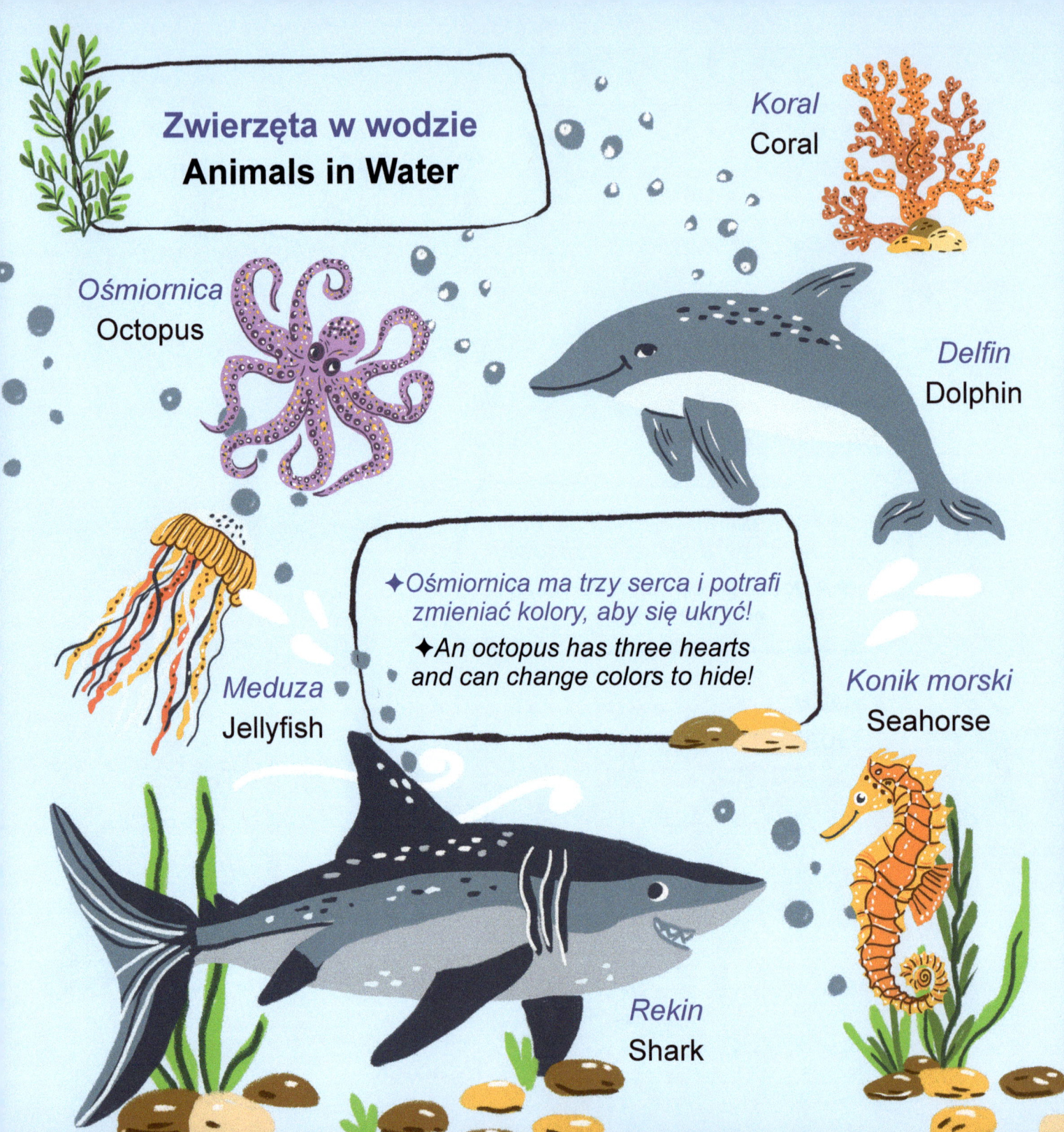

*Borsuk*
Badger

*Jeżozwierz*
Porcupine

*Świstak*
Groundhog

◆ *Jeśli jaszczurka straci ogon, odrasta jej nowy!*
◆ A lizard can grow a new tail if it loses one!

*Jaszczurka*
Lizard

*Mrówka*
Ant

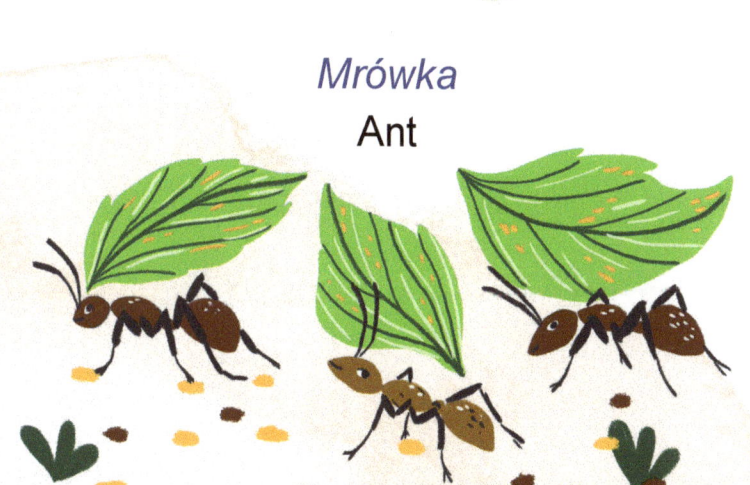

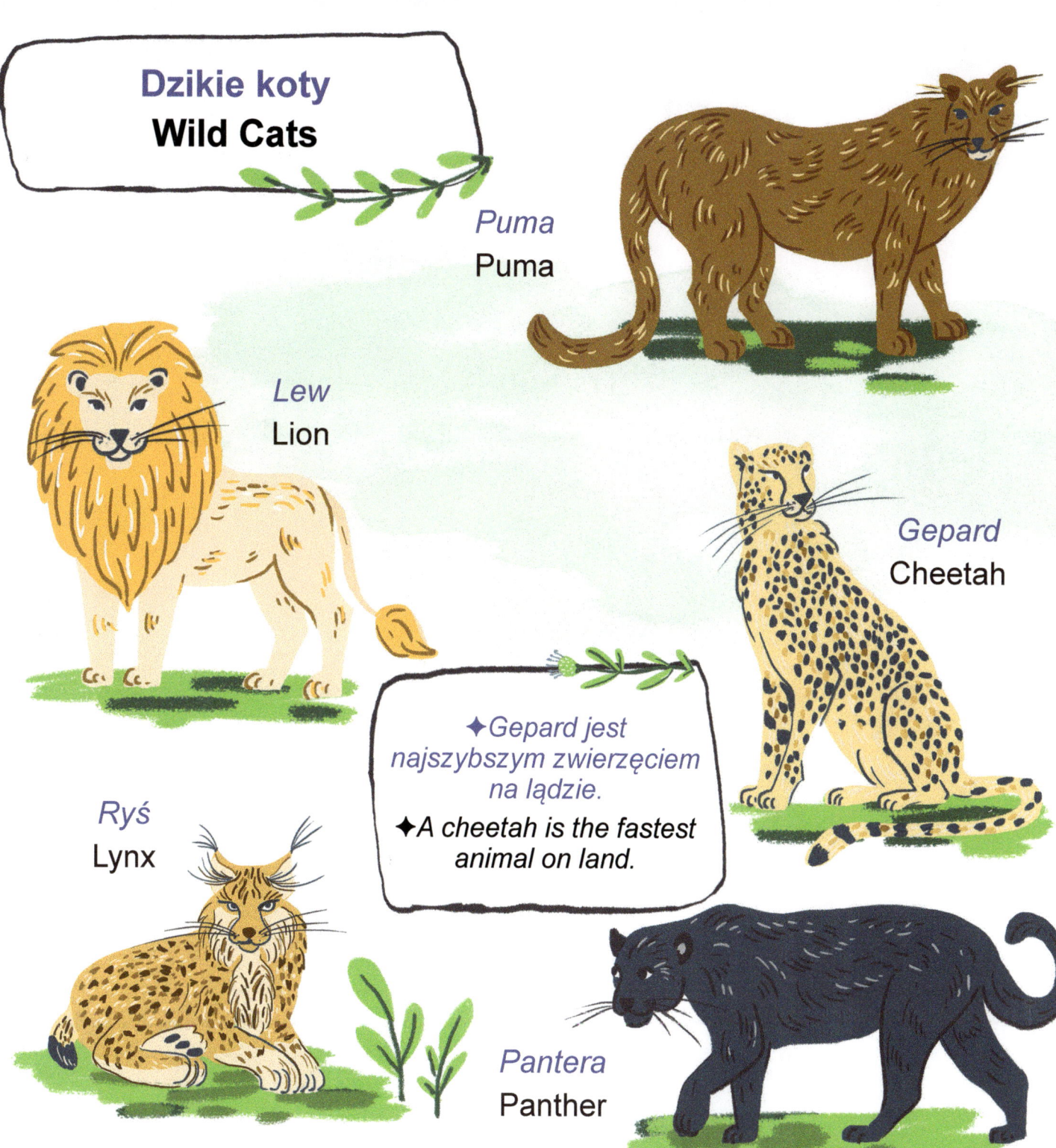

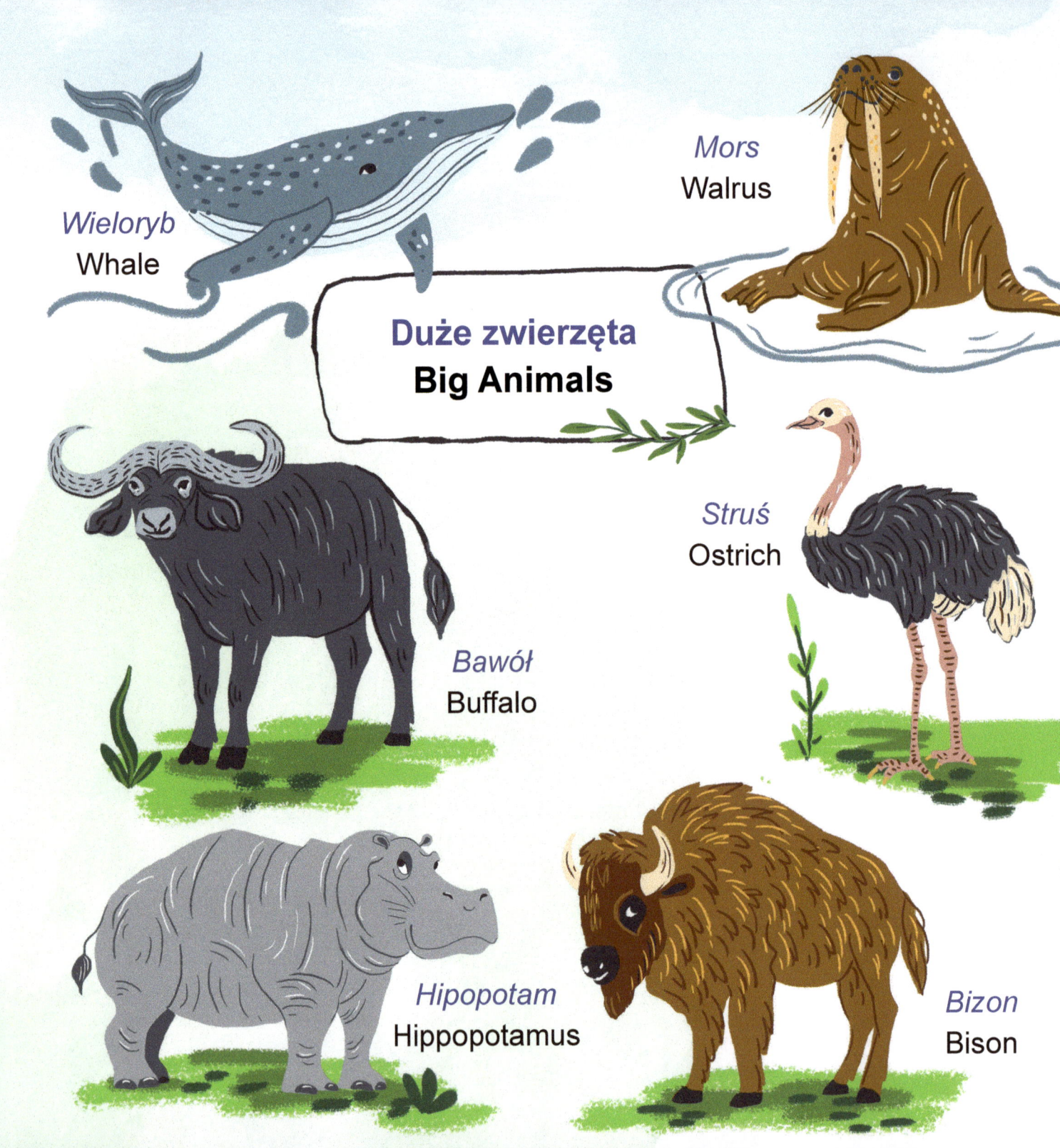

# Małe zwierzęta
# Small Animals

*Kameleon*
Chameleon

*Pająk*
Spider

✦ *Struś jest największym ptakiem, ale nie potrafi latać!*
✦ An ostrich is the biggest bird, but it cannot fly!

*Pszczoła*
Bee

✦ *Ślimak nosi swój dom na plecach i porusza się bardzo powoli.*
✦ A snail carries its home on its back and moves very slowly.

*Ślimak*
Snail

*Mysz*
Mouse

# Ciche zwierzęta
# Quiet Animals

*Biedronka*
Ladybug

*Żółw*
Turtle

✦ *Żółw może żyć zarówno na lądzie, jak i w wodzie.*
✦ A turtle can live both on land and in water.

*Ryba*
Fish

*Jaszczurka*
Lizard

*Sowa*
Owl

*Nietoperz*
Bat

✦ Sowa poluje nocą i używa słuchu, aby znaleźć jedzenie!
✦ An owl hunts at night and uses its hearing to find food!

✦ Świetlik świeci nocą, aby znaleźć inne świetliki.
✦ A firefly glows at night to find other fireflies.

*Szop*
Raccoon

*Tarantula*
Tarantula

# Kolorowe zwierzęta
## Colorful Animals

*Flaming jest różowy*
A flamingo is pink

*Sowa jest brązowa*
An owl is brown

*Łabędź jest biały*
A swan is white

*Ośmiornica jest fioletowa*
An octopus is purple

*Żaba jest zielona*
A frog is green

◆ *Żaba jest zielona, więc może się ukryć wśród liści.*
◆ A frog is green, so it can hide among the leaves.

# Zwierzęta i ich młode
## Animals and Their Babies

*Krowa i cielę*
Cow and Calf

*Kot i kocię*
Cat and Kitten

*Kura i pisklę*
Chicken and Chick

✦ *Pisklę rozmawia ze swoją matką jeszcze zanim się wykluje.*
✦ *A chick talks to its mother even before it hatches.*

*Pies i szczeniak*
Dog and Puppy

*Motyl i gąsienica*
Butterfly and Caterpillar

*Owca i jagnię*
Sheep and Lamb

*Koń i źrebię*
Horse and Foal

*Świnia i prosię*
Pig and Piglet

*Koza i koźlę*
Goat and Kid

www.ingramcontent.com/pod-product-compliance
Lightning Source LLC
LaVergne TN
LVHW072102060526
838200LV00061B/4790